UN BÉBÉ ARRIVE DANS LA FAMILLE !

Aux huit bébés que nous avons eus en route,
à Jim, Bob, Pete, Hayden, Erin, Matt, Stephen, et Lauren
W. S. et M. S.

A mon merveilleux mari, Shawn, grâce à qui tout est possible
C. W. K.

A mes sœurs Cyndy DaSilva et Marnie Augustine, qui m'aident à garder le sourire
R. A.

Titres originaux : *Baby on the way* et *What baby needs*

Cette édition par Chantecler, Belgique-France
Traduction française : Anne-Michèle Lizen
D-MMII-0001-258
Imprimé dans l'UE

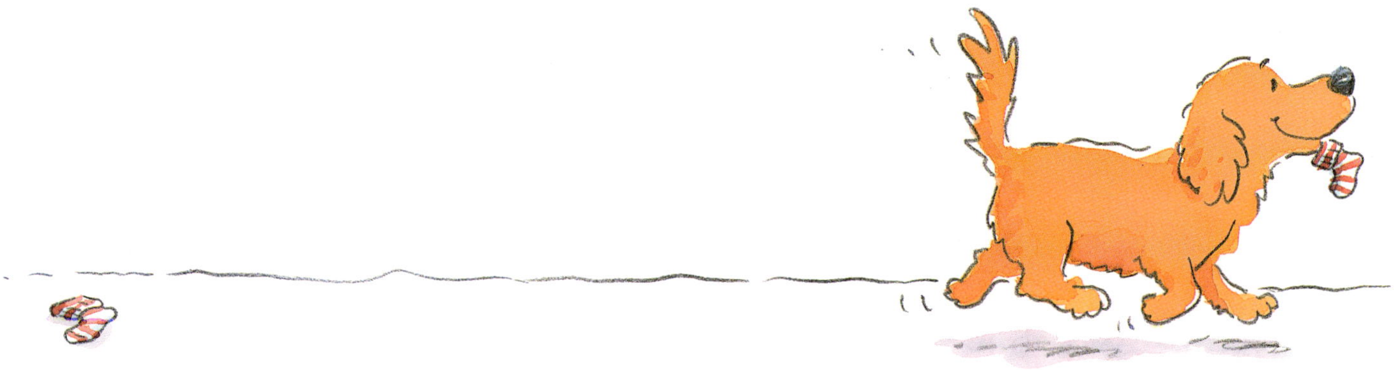

UN BÉBÉ ARRIVE DANS LA FAMILLE !

William Sears • Martha Sears
Christie Watts Kelly

Chantecler

Quand ta maman attend un bébé,
il n'y a pas que son ventre
qui change et grossit.

Toi aussi tu grandis, tu deviens un frère aîné ou une sœur aînée.

Ta maison change, on fait de la place pour bébé.
L'amour grandit dans ta maison.

Que ressent ta maman ? On dirait que l'amour pousse en elle et ça lui donne très faim. Faim, comme toi à l'heure du petit déjeuner, juste avant de mordre la première bouchée dans ta tartine.

Ça lui donne soif aussi. Soif, comme toi quand tu manges *teeellement* de biscuits et que ta bouche est *teeellement* sèche que tu dois te dépêcher d'aller boire un verre d'eau.

Parfois, maman se sent fatiguée. Fatiguée, comme toi quand tu as couru, sauté et joué au parc toute la journée et que tu peux à peine garder les yeux ouverts.

Elle a peut-être l'impression de construire un nid douillet pour sa famille. Comme les jours de pluie, quand tu construis un abri avec des couvertures et des boîtes pour te protéger de la tempête.

Maman se sent aussi parfois un peu mal. Comme toi, quand tu as le ventre tout barbouillé après avoir mangé trois parts de gâteau d'anniversaire *et* de la crème glacée. Alors, maman a besoin de toi et de papa pour lui apporter une biscotte et un peu d'eau pétillante. Peut-être peux-tu en avoir un peu, toi aussi ?

Parfois, les pieds de maman lui font mal. Ouille ! Comme tes pieds, quand tu essaies de remettre les chaussures de l'année dernière. Alors, toi et papa, vous pouvez lui demander d'allonger ses jambes et de se reposer, pendant que vous mettez la table pour dîner.

Plus le bébé grossit, moins il y a de place sur les genoux de maman. Mais il y en aura toujours pour toi. Demande-lui ; elle te montrera comment.

Il se passe des choses passionnantes dans le ventre de ta maman. Le tout petit bébé est dans une bulle protectrice appelée utérus. Il grandit et remue un peu plus chaque jour !

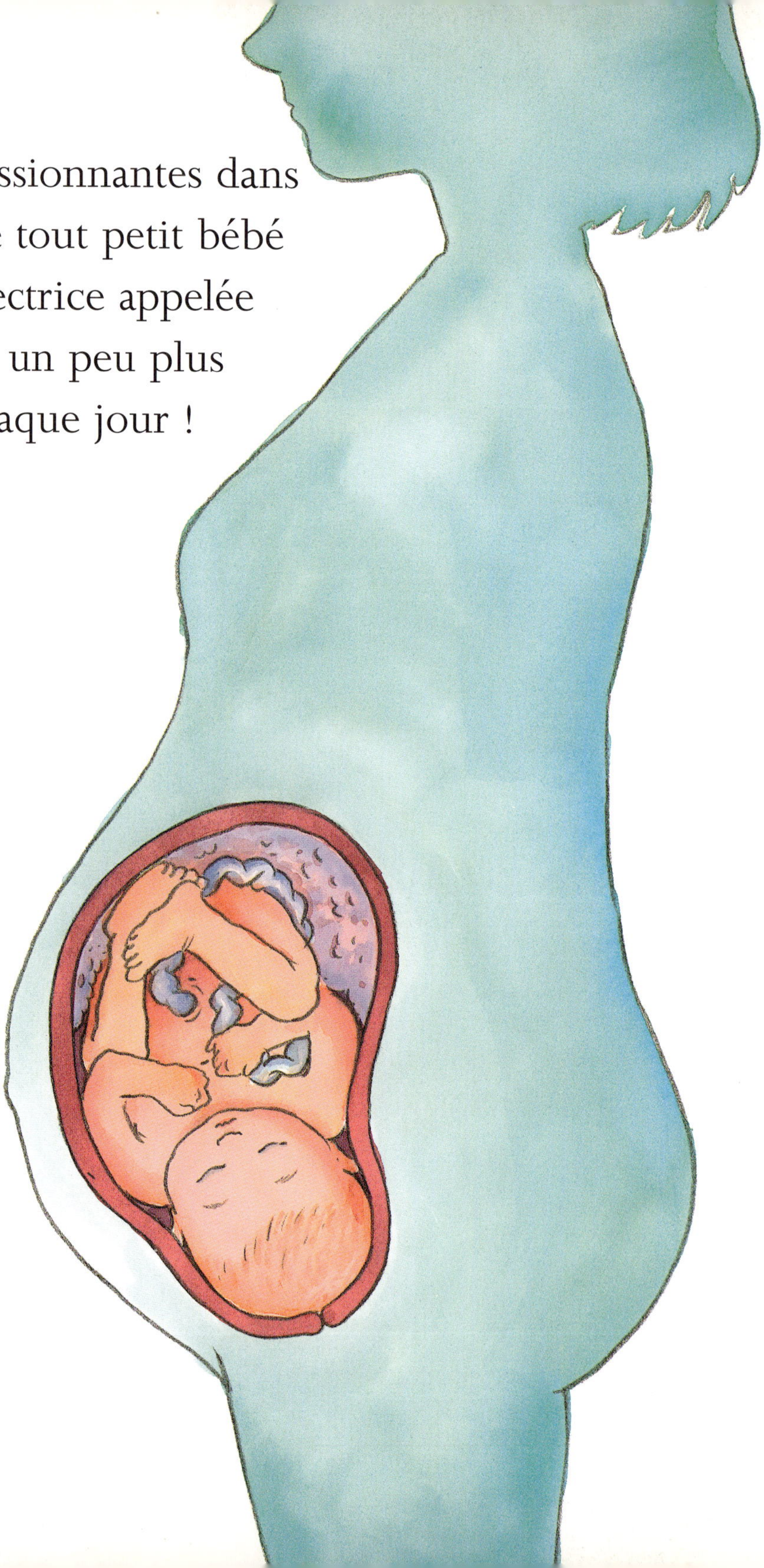

CE QUE TU PEUX FAIRE

- Accompagner maman chez le docteur et écouter battre le cœur du bébé.
- Regarder dans des livres des photos de bébés qui grandissent dans le ventre de leur maman.
- Demander à maman ce qu'elle sentait quand toi tu grandissais dans son ventre.

Pose ta main sur le ventre gonflé de maman. Sens-tu le bébé bouger à l'intérieur, s'agiter et faire des bosses ? Il occupe toute la place, comme s'il était serré dans un sac de couchage bien fermé de partout.

Pose ta bouche sur le ventre de maman et parle à ton petit frère ou à ta petite sœur. Ce tout petit bébé aime vous entendre, toi, maman et papa, parler et chanter toute la journée.

Serre-toi contre le ventre de maman. Le petit bébé peut sentir ton amour, et ta maman aussi.

Ce que tu peux faire

- Regarder des photos de toi quand tu étais un tout petit bébé.
- Dessiner le bébé comme tu l'imagines.
- Aider maman et papa à choisir un prénom pour le bébé.
- Chercher des jouets ou des vêtements que tu pourrais partager avec le bébé.

Tu peux aider maman et papa à préparer la chambre de bébé. Vous aurez besoin d'un endroit spécial pour coucher le bébé, d'une place pour ses petits vêtements et d'un coin pour le langer.

Quand le bébé a fini de grandir dans le ventre de maman, il est prêt à sortir. L'utérus de maman lui dit que c'est le moment en commençant à se contracter. Son ventre durcit, se tend et s'arrondit comme un ballon, et elle a besoin de prendre de profondes respirations. À partir de cet instant, tu peux l'aider en étant sage comme une image.

Quand maman a senti son ventre se tendre de nombreuses fois, ce sont les contractions, alors il est temps pour elle et papa d'aller à la maternité où va naître le bébé. D'autres personnes, des docteurs, des sages-femmes et des infirmières seront là pour aider ta maman car elle devra faire beaucoup d'efforts.

Ce que tu peux faire

- Quand l'utérus commence à se contracter pour aider le bébé à naître, le ventre de maman se tend comme un muscle. Peux-tu contracter le muscle de ton bras ?
- Les bébés ont besoin de couches car ils ne vont pas sur le pot. Sais-tu changer la couche de ta poupée ?
- Les bébés sont trop petits pour tenir leur tête tout seuls. Sais-tu porter ta poupée comme on doit porter les bébés, en glissant ta main sous sa tête ?

Réponses pour les plus curieux

Comment le bébé sort-il ? Il existe une ouverture, appelée vagin, entre les jambes de maman. C'est un tunnel élastique que le bébé traverse pour sortir. La porte de cette ouverture, appelée col de l'utérus, est d'habitude bien fermée. Mais, lorsque le bébé est prêt à naître, elle s'ouvre et aide maman à pousser le bébé dehors. C'est une petite porte, et le bébé doit faire beaucoup d'efforts pour la franchir, un peu comme si tu devais passer la tête à travers le col trop serré d'un pull.

Pourquoi le ventre de maman durcit-il ? Ce sont les contractions : elles ouvrent d'abord la porte de l'utérus pour permettre au bébé de sortir et elles commencent ensuite à pousser le bébé à travers la porte. Il faut longtemps pour ouvrir la porte et longtemps au bébé pour la franchir !

Maman et papa vont être très occupés pendant la naissance du bébé, aussi vont-ils prévoir quelque chose de spécial pour toi. Tu iras peut-être chez un ami, une tante, un oncle, ta grand-mère ou ton grand-père (et peut-être même y passeras-tu la nuit).

Mais même si maman est très occupée et que vous êtes séparés, elle pense à toi. Parce que tu occupes toujours une place spéciale dans le cœur de ta maman.

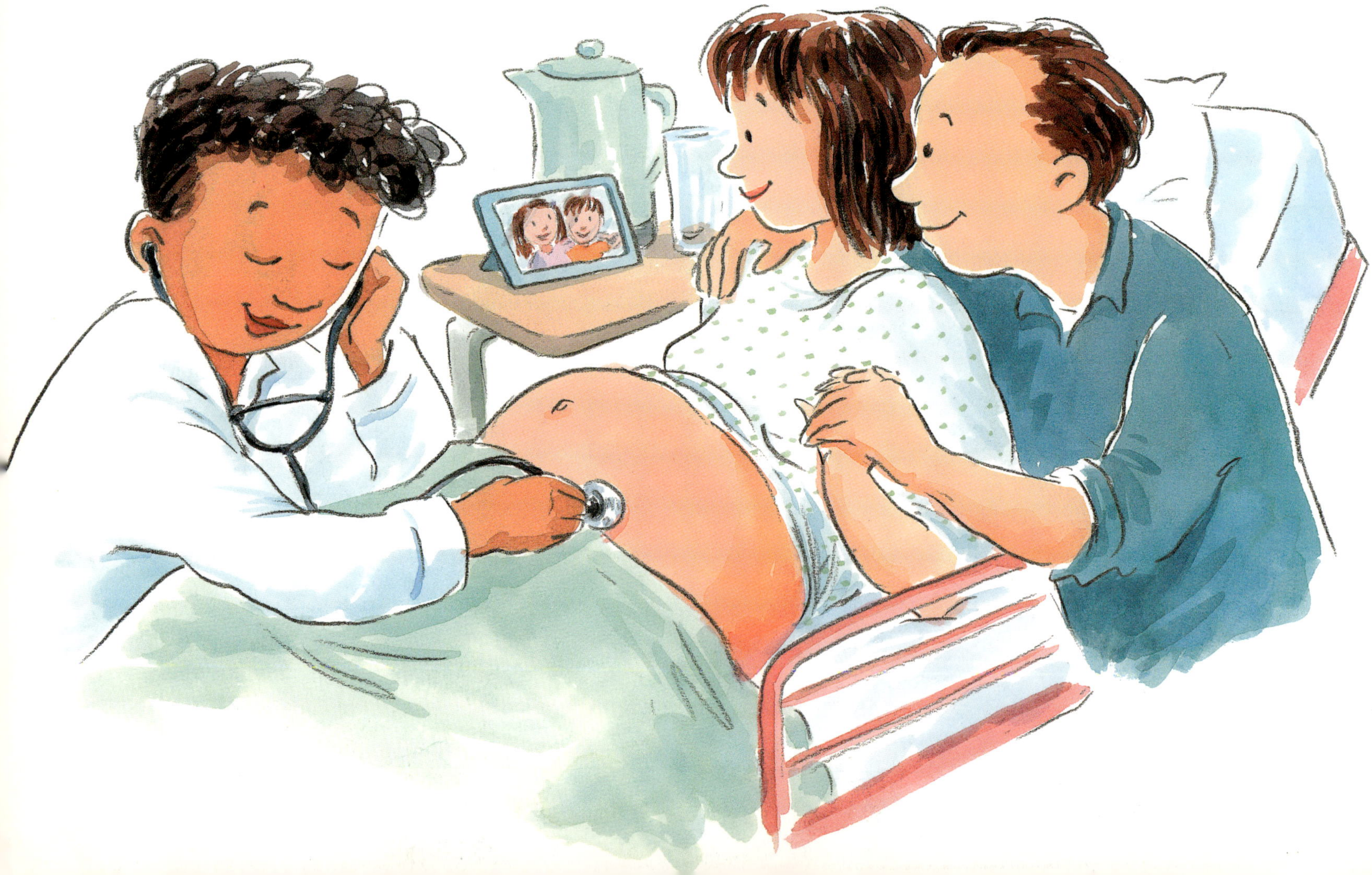

En attendant l'arrivée du bébé, tu peux imaginer une surprise pour le jour de sa naissance, lui préparer une carte, et emballer un cadeau spécial à son intention. Le moment de rencontrer ton nouveau petit frère ou ta nouvelle petite sœur sera vite là.

Enfin, ta première rencontre avec bébé est arrivée ! Le bébé va pleurer. Parfois beaucoup, parfois un petit peu. Parfois très fort, parfois tout doucement. C'est comme ça que les bébés disent de quoi ils ont besoin.

Tu peux prendre le bébé dans tes bras, toi aussi. Maman et papa t'aideront à le porter très délicatement. Parle-lui doucement. Bébé se souviendra du son de ta voix !

Réponses pour les plus curieux

Pourquoi le bébé est-il si ridé ? Pendant neuf mois, le bébé a flotté dans l'utérus de maman dans un liquide ressemblant à de l'eau. Pense à tes doigts et tes orteils plissés après un long bain chaud.

Pourquoi bébé louche-t-il ? Le bébé a vécu dans l'obscurité pendant neuf mois. Bébé est tout ébloui, comme toi quand tu te réveilles le matin et que tu allumes la lumière.

Qu'y a-t-il sur le ventre du bébé ? Le reste du cordon ombilical, un tube spécial qui a nourri le bébé dans le ventre de maman. Il tombera bientôt et tu découvriras le nombril du bébé !

Pourquoi bébé se roule-t-il comme une petite boule ? Le bébé a longtemps vécu recroquevillé dans l'utérus. C'est sa position préférée.

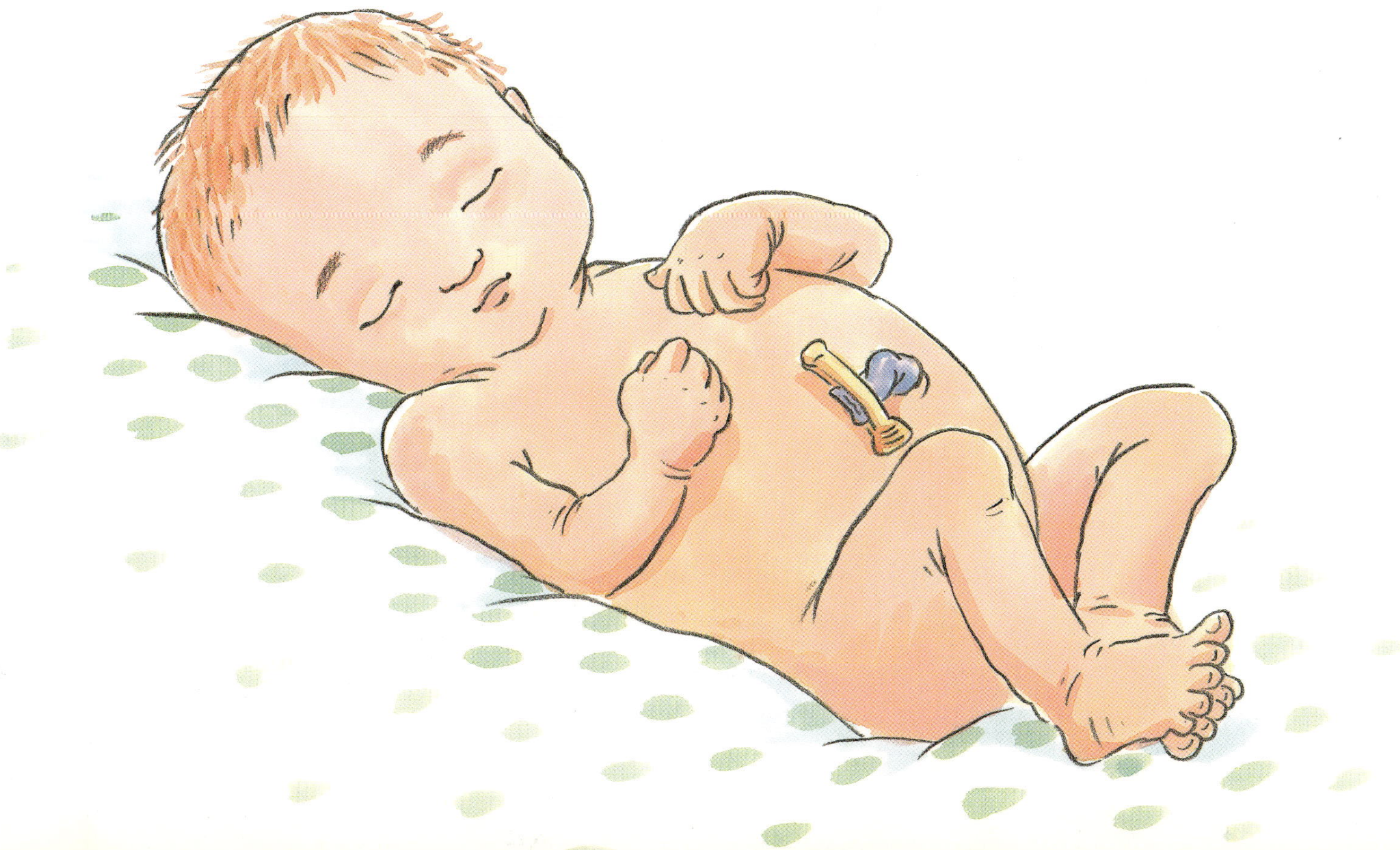

Tu te demandes certainement quand bébé va rentrer à la maison. Tu dois en avoir assez d'en parler et d'entendre des choses sur lui. Tu as sûrement l'impression d'attendre depuis *toujours*. Mais un jour, TOI aussi, tu as été le bébé qui grandissait dans le ventre de maman. Et tout le monde a ressenti la même chose en t'attendant !

CHOUETTE, BÉBÉ EST LÀ !

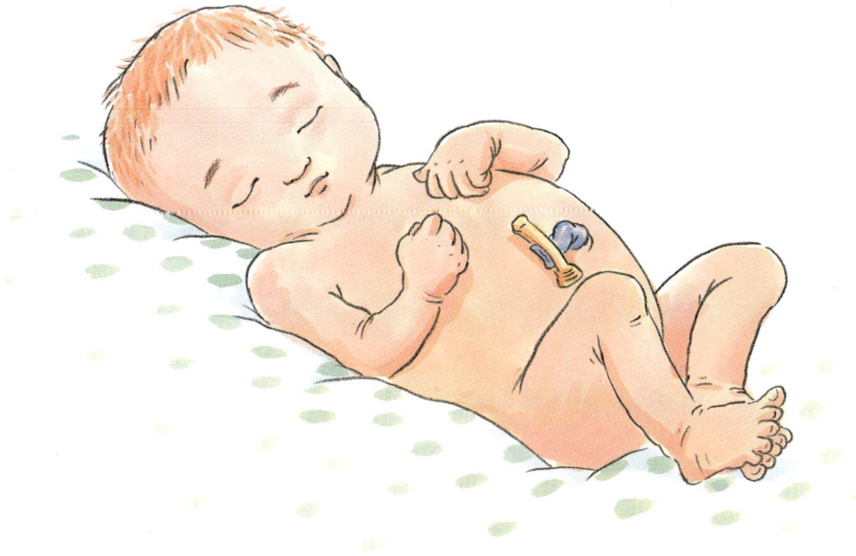

Maintenant que ta famille a eu un nouveau bébé, tu grandis, tu deviens son frère aîné ou sa sœur aînée.

C’est toi le super-assistant de maman et de papa. Tu découvres les besoins du bébé, ce sont exactement les mêmes que les tiens quand tu étais tout petit.

ET MOI ALORS ?

Demande à maman et à papa de te montrer ton album de bébé et les photos de toi quand tu étais tout petit. Regarde si tu trouves des photos de toi juste après ta naissance, en train de téter, de dormir, de pleurer ou d'être porté dans les bras.

Tout comme toi quand tu étais petit, le nouveau bébé a tout de suite besoin de sentir qu'il fait partie de la famille. C'est pourquoi toi, maman et papa, vous le serrez tout contre vous,

vous frottez votre nez contre le sien,

et vous comptez ses tout petits doigts et ses tout petits orteils.

Tout comme toi, bébé a besoin de manger. Très, très souvent, jour *et* nuit. Les bébés ont un tout petit estomac qui apprécie une chose par-dessus tout, le lait de leur maman. C'est pourquoi bébé tète pour tirer du lait des seins de maman.

Parfois, bébé recevra
un biberon avec du lait. Peut-être que tu pourras
lui donner toi-même !

Bébé a aussi besoin de dormir. Mais il se sent seul, loin des battements rassurants du cœur de maman.

C'est pourquoi bébé aime dormir tout près de maman,
tout comme toi quand tu étais petit.

Et, tout comme toi, bébé a besoin d'être porté. Il se sent bien et en sécurité en découvrant le monde dans les bras de maman ou de papa, ou installé dans un porte-bébé.

Bébé aime s'asseoir sur tes genoux,
être dans tes bras à toi aussi,
avec l'aide de maman et de papa.

Comme toi, bébé a besoin de pleurer. Pleurer est la façon de parler des tout petits bébés, leur façon de montrer de quoi ils ont vraiment besoin. Les bébés pleurent parce qu'ils ont faim, se sentent fatigués, seuls ou parce qu'ils ont besoin d'une couche propre.

Plus vite on aide un bébé qui pleure, plus vite le bébé cesse de pleurer.

ET MOI ALORS ?

Les garçons et filles aînés comme toi ont encore besoin de se blottir contre ceux qu'ils aiment, de recevoir à manger quand ils ont faim, de se sentir bien et en sécurité quand ils dorment, d'être portés de temps en temps dans les bras, et parfois même de pleurer.

Quand tu étais un petit bébé, ta famille et les amis ont formé un cercle d'amour pour te souhaiter la bienvenue dans le monde. Aujourd'hui, le nouveau bébé va aussi faire partie de ce cercle.

Tu grandis, et tu peux faire plein de choses
que les petits bébés ne peuvent pas faire.
Tu peux aller jouer chez un ami.

Tu peux manger de la crème glacée.

Et tu peux faire du tricycle.

Tu peux faire des choses amusantes
avec papa, aller au parc
par exemple.

Quand maman nourrit le bébé, tu peux te blottir tout contre elle et lire un livre, t'occuper de ta poupée ou simplement rester près de maman.

DEVENIR L'AMI DE BÉBÉ

- Les bébés ont besoin de beaucoup de sommeil pour rester de bonne humeur. Ne réveille jamais exprès un bébé qui dort.
- Assieds-toi et prends ton petit frère ou ta petite sœur tout doucement sur tes genoux. Demande toujours à un adulte de t'aider.
- Caresse gentiment la paume de la main de bébé, tu verras qu'il va serrer ton doigt très fort.

Quand maman emmène bébé chez le docteur, tu peux te rendre compte que bébé grandit tout comme toi. Le docteur va peut-être t'ausculter pour voir si tu es en bonne santé, toi aussi.

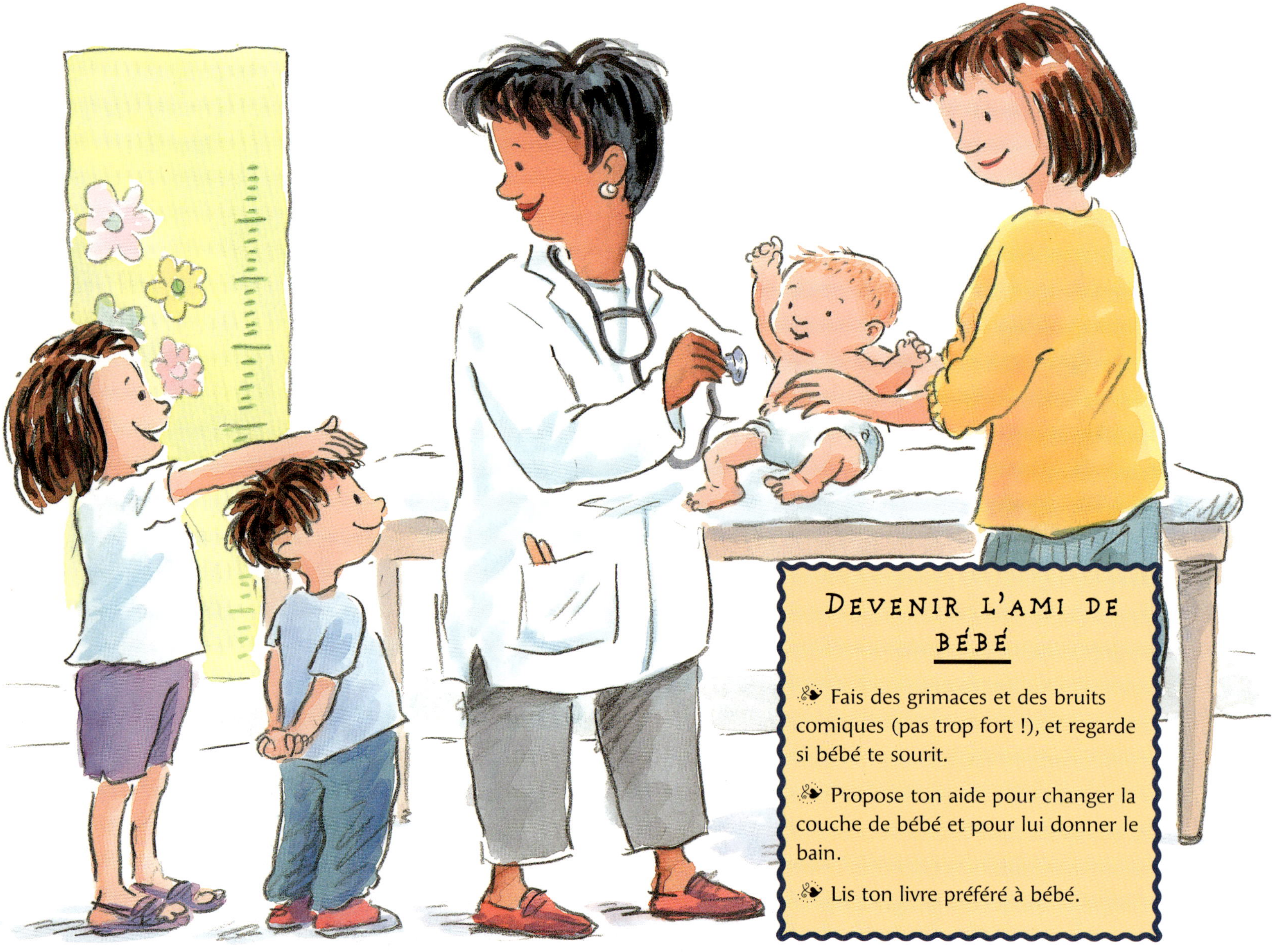

DEVENIR L'AMI DE BÉBÉ

- Fais des grimaces et des bruits comiques (pas trop fort !), et regarde si bébé te sourit.
- Propose ton aide pour changer la couche de bébé et pour lui donner le bain.
- Lis ton livre préféré à bébé.

Quand maman va au magasin, à la pompe à essence ou à la bibliothèque, tu peux l'aider en bouclant vite ta ceinture de sécurité quand tu montes en voiture,

en parlant et en chantant au bébé,
et en restant tout le temps près
de maman.

On dirait que chaque fois que tu vois maman, le bébé l'accompagne. Mais ce ne sera pas toujours comme ça. Parfois papa emmènera le bébé avec lui, et tu pourras partager un moment spécial avec maman.

ET MOI ALORS ?

Parfois, tu pourrais avoir envie que bébé parte vivre ailleurs ou tu pourrais te sentir triste ou en colère contre lui, et tu en as le droit. Parle à maman et à papa de ce que tu ressens. Tu ne dois jamais faire de mal au bébé.

Et, plus vite que tu ne l'imagines,
le bébé va te tenir la main...

te sourire...

s'asseoir...

et jouer !

Remarques à l'attention des parents et des éducateurs

Il peut être utile aux parents et aux éducateurs de prendre connaissance de ces remarques avant de découvrir le livre avec l'enfant.

Comme la grossesse et la naissance sont des choix très personnels, nous vous encourageons à modifier le texte au fil de la lecture, selon les choix que vous avez faits ou ferez dans le cadre de ces événements importants.

L'importance des détails que les enfants ont besoin de connaître varie en fonction de leur âge et de leur niveau de maturité. Bien qu'il soit important d'être précis, les enfants n'ont pas besoin ou ne veulent pas nécessairement connaître chaque détail.

Choisissez les mots que votre enfant connaît le mieux ou les mots que vous employez le plus aisément. Les « Réponses pour les plus curieux » en encadré vont vous donner quelques astuces pour expliquer de façon adaptée à votre enfant des événements complexes.

Les enfants sont souvent fascinés par les choses dont sont capables les bébés alors qu'ils sont toujours dans le ventre de leur mère : dormir, sucer leurs doigts ou leur pouce, remuer les bras et les jambes, toucher leurs orteils, jouer avec le cordon ombilical, entendre le son des voix, faire des galipettes, et même se mouvoir au rythme de la musique ! Parler de ces choses aux enfants tout au long de la grossesse peut leur rendre le bébé plus concret.

L'arrivée d'un bébé à la maison peut susciter un large éventail de sentiments de la part d'un aîné. Le « Et moi alors ? » en encadré vous aidera à comprendre et à accepter les émotions et les sentiments de votre enfant.

Les enfants sont généralement impatients de jouer avec le bébé et trouvent souvent pénible d'attendre qu'il soit capable de s'amuser comme un grand. Le « Devenir l'ami de bébé » en encadré donne quelques idées destinées à favoriser de fructueux échanges entre vos enfants.

Très souvent, des adultes bien intentionnés abusent des mots « grand frère/grande sœur » ou « grand garçon/grande fille ». Du point de vue de l'enfant, le fait d'être petit semble représenter tous les avantages. Après tout, le bébé monopolise l'attention et ne commet jamais d'erreurs. Essayez d'employer les mots « frère aîné » ou « sœur aînée », pour donner une image plus fidèle du nouveau rôle de l'enfant. D'autre part, la majorité des enfants seront fiers d'être reconnus comme « super-assistant », car leur aptitude à être un membre essentiel de la famille est ainsi mise en valeur.

Ne laissez pas la crainte de froisser vos aînés interférer avec les liens affectifs que vous tissez avec votre nouveau bébé. Excepté en cas d'urgence, les besoins d'un jeune bébé sont toujours prioritaires. Un aîné dont les propres besoins ont été comblés lorsqu'il était bébé dominera beaucoup plus facilement une éventuelle frustration.

Il est important de laisser les enfants exprimer leur frustration ou d'autres sentiments négatifs sans les infirmer. Par exemple, si l'enfant dit quelque chose comme « Je déteste le bébé », ne niez pas ce sentiment en répondant : « Non, ce n'est pas vrai, tu aimes le bébé. » À la place, essayez de dire quelque chose comme : « C'est difficile pour toi de voir maman passer tellement de temps avec le bébé. » Une fois les sentiments de l'enfant reconnus, leur intensité tend alors à s'atténuer.